Inhalt

Wie man der unendlichen Traurigkeit ein Ende bereitet   1

Die Form der Fehleinschätzungen   137

Wie sie jenen Tag verbracht haben   171

Nachwort   181

Wie man der unendlichen Traurigkeit ein Ende bereitet

Chise Ogawa

Charaktere

Ein ehrlicher junger Mann mit einem großen Herzen

Seiji Kiyotake

Er hat schon in der Mittelschule zusammen im Schulklub mit Takayuki Basketball gespielt. Früher hat ihm Takayuki mal eine Freundin ausgespannt.

❤ Berufstätige

Ein hübscher Mann, der verzweifelt verliebt war

Takayuki Udou

Eigentlich sah es aus, als würde er wenig Einsatz bei der Aufnahmeprüfung zeigen, aber dann hat er sich wieder gefangen. Schon in der Mittelschule war er einseitig in Seiji Kiyotake verliebt.

Brüder

Ein guter Schüler, der als Liebhaber angriffslustig wird

Ryuta Udou

Ein ernster Musterschüler, der von seinem Umfeld sehr bewundert wird. Mit Miki begann es als Spiel, aber dann wurden sie ein echtes Liebespaar.

❤ Kommilitonen

Ein süßer Typ, der etwas dumm wirkt

Toshihisa Miki

Er ist spontan und hat sich früher mit mehreren Mädchen gleichzeitig amüsiert, aber jetzt ist er komplett in seinen Freund verliebt.

Ich bin doch erst im zweiten Jahr in der Firma und von mir wird zu viel erwartet.

Denk selber nach, wird mir gesagt, aber wenn ich dann selbst etwas entscheide, wird geschimpft, dass ich mir nicht selbst Dinge überlegen soll!

Sicherlich denken eh alle, dass ich komplett nutzlos bin.

Es ist zwar schön, dass du alles so emotional angehst, aber du brauchst auch etwas Gelassenheit.

Du bist noch nicht lang genug dabei, um zu wissen, ob es zu dir passt.

Sie können sich in unfähige Leute nicht reinversetzen.

Herr Udou, Sie verstehen das nicht.

Ich ... bin wohl nicht für diese Arbeit gemacht.

Buhuu...

Er weiß nicht, dass die Welt voller Rücksichtslosigkeit und Unverständnis ist.

Kiyotake ist jemand, der ordentlich aufgewachsen ist.

Ich habe gesagt, dass ich unsere Beziehung geheim halten möchte.

Wir wohnen im selben Gebäude in benachbarten Wohnungen.

2. Kapitel

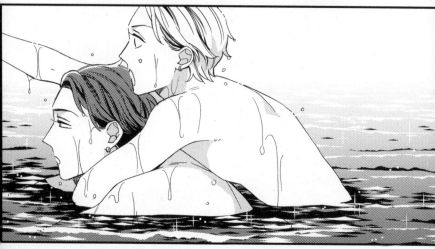

Takayuki, kannst du mit Meerwasser nicht so?

Das Wasser ist salzig, dreckig und voller Plankton! Es macht Haut und Haare kaputt und ist kalt!

Stimmt. Ich habe meinen Bruder noch nie im Meer schwimmen gesehen.

Hätte ich das gesagt, wäre das voll peinlich gewesen.

Das hättest du ruhig sagen können.

Zusammen ist es doch schöner, oder?

Kiyotake ist der perfekte Freund.

Er ist viel zu gut für mich.

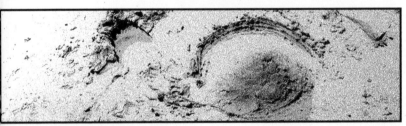

Können wir hier noch ein wenig spielen?

Es ist ja schon drei Uhr!

Wir checken dann mal ein.

Okay. Aber ab sieben gibt es Abendessen!

Ist gut.

Ryuta hat erzählt, dass er mit dir verreisen würde.

Was macht ihr denn hier?!

Deine Mutter hat genervt, dass wir auch fahren.

Muss ich das unbedingt erzählen?

Ihr seid das erste Mal als Geschwister verreist, oder?! Sag doch, wenn ihr euch jetzt besser versteht.

Diese Ähnlichkeit!

Verdammt noch mal, Ryuta.

Ich wollte Kiyotake zwar irgendwann meinen Eltern vorstellen, aber noch nicht jetzt.

Ach ... Ich hatte viel zu tun ...

Du zeigst dich zu Hause überhaupt nicht.

Ruf doch zumindest mal an.

Wir haben uns Sorgen gemacht.

Es fehlt mir einfach an Mut.

Bin ich wirklich gut genug, um an Kiyotakes Seite zu stehen?

Daher kann ich es nicht erhobenen Hauptes sagen.

Ich bin pessimistisch und habe einen schlechten Charakter.

Ich bin kleinlich und ängstlich.

Verglichen mit ihm bin ich sehr empfindlich.

Hach.

Ich gehe vor und gebe ihnen den Zimmerschlüssel.

Ah, das ist Ryuta.

Ja.

KATSCHACK

Kiyo-take, war...

Dabei ist er selbst immer so ehrlich.

Ich wollte doch, dass er an meiner Seite lachen kann.

Was, wenn er jetzt von mir enttäuscht ist?

TRÄUUUM

Du siehst müde aus. Wollen wir schon mal zurück aufs Zimmer?

Hier ist also Kiyotakes Heimat …

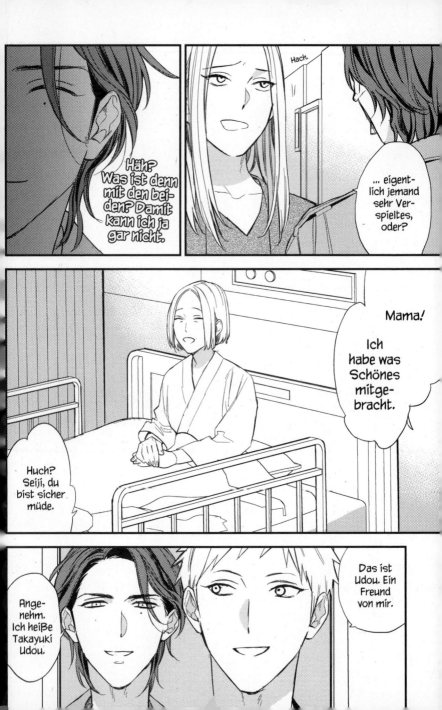

Endlich können wir zwei allein sein.

Du ...

Danke...

Was denn? Ich wollte dich doch nur anfassen.

Warum bist du denn immer so?

Wie denn?

Du bist immer nicht ganz ernst bei der Sache.

Ja?

Ich gehe vor.

Ja.

Hallo.

Huch? Was ist denn?

Wie geht es dir?

Ich bin topfit. Schließlich habe ich Shawn an meiner Seite.

Hier kommt ja nicht mal ein Taxi vorbei ...

Steig ein.

Sonst schaffst du die Bahn nicht mehr.

Wenn du sie verpasst, kommt die nächste erst in zwei Stunden.

Ich brauche keine Hilfe.

Unterschätz weibliche Intuition niemals.

...

Würdest du dich bitte von ihm trennen?

Außerdem sind deine Ansichten nicht mehr zeitgemäß.

Das geht ja wohl nur ihn und mich etwas an.

Uwah. Also doch.

Nicht mehr zeitgemäß?

So etwas sagt man sicherlich nur in Tokio.

Aber dieser Ort ist nicht so wie dein Zuhause.

Udou, du rauchst also?

Ich hatte eine Weile damit aufgehört.

Aber es hat nicht geklappt.

Udou, du bist sonst nie bis zum dritten Event dabei.

Ich hatte mal Lust darauf.

Ich bin wohl betrunken.

Leider vertrage ich nicht viel.

Keiko, du kannst richtig süß sein.

Wie? Sag doch so was nicht.

Ich hab Angst vor dem Heimweg. Begleitest du mich vielleicht?

Bestimmt schläft er schon.

Hey. Du bist spät dran.

...!

Es gab so viele unangenehme Dinge.

Ich war immer unsicher.

Seit der Mittelschule war ich acht Jahre lang einseitig verliebt.

Aber vor vier Jahren wurden wir ein Paar.

Das würde auch so bleiben, selbst wenn wir uns trennen würden.

Aber ich habe nie an jemanden außer Kiyotake gedacht.

Du verdammtes Arschloch!

Wir haben uns noch nicht getrennt! Wie kannst du einfach so weitermachen?!

Dennoch werde ich alles annehmen und weitergehen.

Ich habe mich meinem Ideal überhaupt nicht genähert.

Leb wohl, mein altes Ich.

Wie man der unendlichen Traurigkeit ein Ende bereitet – Ende

Wer ist denn dieser Typ?

Das ist Takeshi Yamauchi. Wir haben uns über die Arbeit kennengelernt.

Er ist fünf Jahre jünger als ich und somit 38.

Wir sind seit einem Jahr zusammen.

Wir haben beschlossen, zu heiraten.

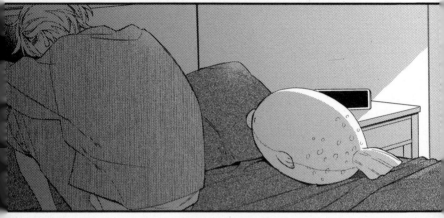

Sie sieht glücklich aus.

Das freut mich.

Es ist nicht schlecht, dem eine Form zu geben.

»Glücklich« ...

Wenn man Unsichtbarem ...

... eine Form gibt, versteht man es erst.

Ich habe vergessen, eine Sache einzukaufen. Ich geh noch mal los.

Ruh du dich schon mal im Hotel aus.

Puh. Ich bin geschafft!

Ich will ins Hotel und mich ausruhen.

Hm?

Na gut.

Wie man der unendlichen Traurigkeit ein Ende bereitet

von Chise Ogawa

Wie man der
unendlichen Traurigkeit
ein Ende bereitet

Wie sie jenen Tag verbracht haben

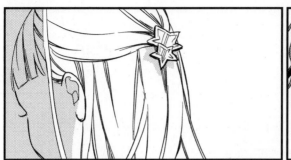

Minori, magst du etwa Fumika von Juni?

Dein Haargummi ist doch davon, oder?

Oh.

Kennst du etwa Juni?!

Bis bald, Takayuki!

Das ist von meiner Schwester.

Willkommen zurück.

Nachwort

Vielen Dank, dass ihr Wie man der unendlichen Traurigkeit ein Ende bereitet gelesen habt. Dieser Band ist eine Fortsetzung der Serie mit den Bänden *Ein Spiel namens Liebe* → *Eine Geschichte von unendlicher Traurigkeit* → *Eine Geschichte voller Traurigkeit und Fehleinschätzungen*. Immer wenn ich einen Band der Serie zeichne, gehe ich davon aus, dass es keine Fortsetzung geben wird, weswegen die Namensgebung etwas schwer zu verstehen ist. Das tut mir leid.

Und warum zeichne ich überhaupt weiterhin eine Fortsetzung dieser Serie? Irgendwie habe ich das ungute Gefühl, dass ich diesen Charakteren im Manga weiterhin Licht schenken muss, weil sie sonst sterben würden. Aber ständig an einer Serie wie Caste Heaven zu zeichnen, ist wiederum auch anstrengend.

Außerdem war 2020 ein sehr düsteres Jahr und ich wollte daher eine fröhliche Manga-Geschichte über das Paar vom älteren Bruder der Serie zeichnen.

Ich muss mich daher zutiefst bei der Redaktion von Libre bedanken, die mir diesen Ort zur freien Entfaltung gegeben hat. Vielen Dank! Ich bedanke mich außerdem aus tiefstem Herzen bei allen, die die Serie bis hierher gelesen haben.

2020 Chise Ogawa

TOKYOPOP GmbH
Hamburg

TOKYOPOP
1. Auflage, 2024
Deutsche Ausgabe/German Edition
© TOKYOPOP GmbH, Hamburg 2024
Aus dem Japanischen von Lasse Christian Christiansen

libre

Yamanai Fukou no Owarasekata
© Chise Ogawa 2020
Originally published in Japan in 2020 by Libre Inc.
German translation rights arranged with Libre Inc.

Redaktion: Nora Hoos
Lettering: Vibrant Publishing Studio
Herstellung: Mathias Neumeyer, Ute Kleim
Druck und buchbinderische Verarbeitung:
CPI–Clausen & Bosse GmbH, Leck
Printed in Germany

Wir achten auf die Umwelt.
Dieses Produkt besteht aus FSC®-zertifizierten
und anderen kontrollierten Materialien.

Alle deutschen Rechte vorbehalten. Nachdruck, auch auszugsweise, verboten. Kein Teil dieses Werkes darf ohne schriftliche Genehmigung des Verlages in irgendeiner Form reproduziert oder unter Verwendung elektronischer Systeme verarbeitet, vervielfältigt oder verbreitet werden.

ISBN 978-3-7593-0347-9

www.tokyopop.de

NOMI X SHIBA
Tohru Tagura

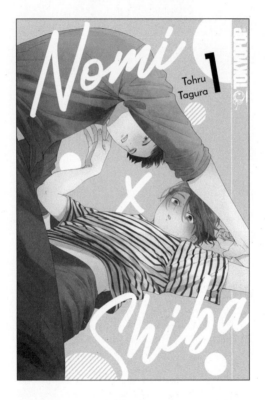

Du darfst nie merken, dass ich dich liebe.

Shiba hat es auf seiner Jungenschule alles andere als leicht. Sein größtes Problem ist, dass ihn alle wie ein Mädchen behandeln und mit lauter Komplimenten belästigen, weil er ein so niedliches Gesicht hat. Der Einzige, der ihn immer wieder aus unangenehmen Situationen rettet, ist sein Mitbewohner Nomiya. Dieser verbirgt seine Gefühle für Shiba, da er weiß, wie sehr ihm Annäherungen zuwider sind. Was Nomiya noch nicht ahnt, ist, dass Shiba auch in ihn verliebt ist, obwohl dieser vehement versucht, allen klarzumachen, er sei hundertpro hetero ...

www.tokyopop.de

ZWEI SCHNEIDER WIE NADEL UND FADEN
Syaku

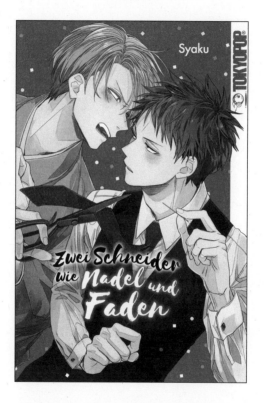

Was ist der Faden, der uns verbindet?

Der ernste Suzu will die moderne Anzugschneiderei seiner Familie übernehmen. Zum selben Zeitpunkt soll, direkt gegenüber, der leichtfertige Yo die traditionelle Kimonoschneiderei seiner Großeltern erben. Als Kinder verband die zwei Jungs die Liebe zum Nähen, doch ein unbedachter Kuss trieb damals einen Keil zwischen sie. Wird es den beiden Schneidern heute gelingen, den Riss in ihrer Beziehung zu flicken?

www.tokyopop.de

THE THREE OF US
Chai / Anna Takamura

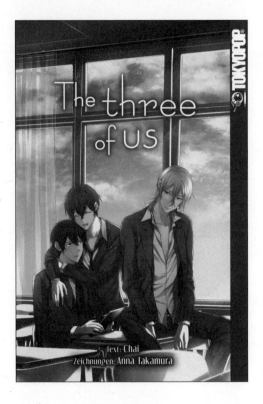

Du und ich und er

Die drei Jungs Rio, Kei und Yuto sind unzertrennlich. Rio ist heimlich in Yuto verliebt und findet Trost in Keis Armen. Nach dem Schulabschluss trennen sich für gewöhnlich die Wege und das nutzt Rio als Gelegenheit, sich von Yuto zu distanzieren, bis sich die drei zufällig wiederbegegnen. Werden Rios Gefühle zu Yuto wiederkehren oder muss er sich eingestehen, dass Kei mehr als nur ein Trostpflaster für ihn ist?

www.tokyopop.de

NO GOD IN EDEN
Yuma Ichinose

Schöpfungsgeschichte x Omegaverse

Nishio, der mit seiner lebhaften Art sonst immer für gute Laune sorgt, fühlt sich schon den ganzen Morgen kraftlos. Als im Sportunterricht auch noch ein Schwindelgefühl dazukommt, will ihn sein Mitschüler Takai ins Krankenzimmer bringen. Doch für Nishio ist selbst dieser Weg zu weit, und so machen die beiden an einem Geräteschuppen Halt. Auf einmal benebelt ein köstlicher Duft Takais Sinne. Erschreckt bemerkt er, dass Nishio in Ekstase gerät, die auch auf ihn übergreift ...

www.tokyopop.de

HOW TO TRAIN A NEWBIE
Hibiko Haruyama

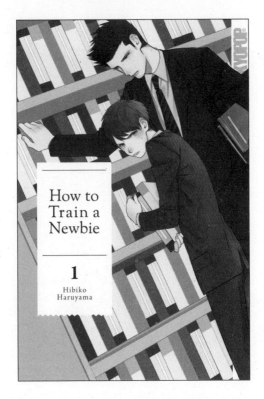

Das perfekte ungleiche Paar

Asahi Muromiya mag zwar der Kleinste im Vertriebsteam sein, in puncto Ehrgeiz und Humor macht ihm aber so schnell keiner was vor. Als es darum geht, neue Kollegen in die Abläufe der Abteilung einzuweisen, wird Muromiya der ruhige Koichi Sera zugeteilt. Dieser ist nicht nur vier Jahre jünger, sondern auch noch 28 Zentimeter größer als er und zudem äußerst talentiert. Als Muromiya bei einer Firmenfeier jedoch einen über den Durst trinkt und Sera küsst, wird ihre Zusammenarbeit auf die Probe gestellt ...

www.tokyopop.de

GOODBYE HARLEQUIN
Keri Kusabi

Glamourös, amourös, skandalös!
Akinos erklärtes Ziel ist es, ein gefeierter Designer zu werden, damit er endlich die Person wiedersehen kann, die seine Leidenschaft für Mode entfacht hat. Dabei handelt es sich um Eichi, der bereits zu Highschool-Zeiten zu den Topmodels der Branche zählte. Tatsächlich gelingt es Akino nach einigen Jahren endlich, einen Deal zwischen seiner Firma und Eichis Agentur einzufädeln. Eichi ist über die Zusammenarbeit jedoch alles andere als erfreut, denn im Gegensatz zu Akino hat er kein Interesse, an die Vergangenheit erinnert zu werden ...

www.tokyopop.de

HYPNOTIC THERAPY
Maki Masaki

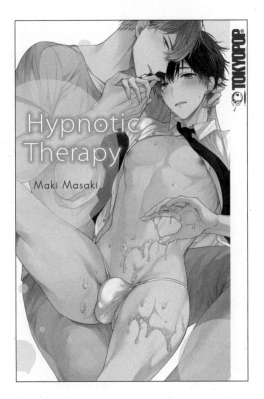

»Du kannst deine Gefühle nicht mehr aufhalten.«

Kazushi arbeitet in einer Boys Bar, und wenn die Jungs hinter der Theke miteinander flirten, geizen die Gäste nicht mit Trinkgeld. Kazushi ist jedoch total entnervt, dass sein Kollege ihm dafür auf die Pelle rückt. Doch dahinter steckt seine größte Angst: sich schon wieder viel zu schnell zu verlieben! Sein Nachbar Sou schlägt ihm vor, es mit einer Hypnose-Massage zu versuchen, die eine Art Resistenz aufbauen soll. Dass Sou allerdings die Behandlung durchführen wird, kommt für Kazushi ebenso unerwartet wie seine eigene Körperreaktion.

www.tokyopop.de

UNTER DER OBERFLÄCHE
Emi Mitsuki

Die Höhen und Tiefen der Liebe

Kobayashi hat seinen Traumjob gefunden: Endlich arbeitet er in der Filmbranche, und dann auch noch mit einem renommierten Regisseur! Allerdings gerät er immer wieder mit seinem Vorgesetzten aneinander und ist daher mehr als genervt. Sein Leid klagt er seinem ehemaligen Kollegen Ishihara, der ihm beim Feierabendbier geduldig zuhört. Eines Abends verschlägt es die beiden jedoch in einen mysteriösen Club und es folgt heißer Sex im Separee ... In ihrem ersten Kurzgeschichtenband erzählt Emi Mitsuki von Leidenschaft, Geheimnissen und überraschenden Gefühlen!

www.tokyopop.de

SIMPLIFIED PERVERT ROMANCE

Neg Sekihara / Nanako Semori

Wer ist hier pervers?!

Schon am ersten Tag an der neuen Schule ist Yuki Kashima genervt von seinem neuen Mitschüler Ryoji Sanada. Während Yuki sich lieber Gedanken darüber machen würde, wie er seine masochistischen Gelüste durch eine schöne Schlägerei befriedigen kann, starrt und quatscht Ryoji ihn ständig an, bis Yuki schließlich der Geduldsfaden reißt! Er bedrängt Ryoji sexuell und hofft auf Gegenwehr und damit auf lustvolle Schmerzen. Doch entgegen seiner Erwartungen ist dieser alles andere als abgeneigt ...

www.tokyopop.de

ALL YOU WANT, WHENEVER YOU WANT

Omayu

Tsubaki arbeitet im Vertrieb einer Lebensmittelfirma. Um sein Team vor der Schikane des Chefs zu schützen, übernimmt er stets die Verantwortung – sehr zum Missfallen des neuen Mitarbeiters Makino. Die beiden fühlen sich jedoch sofort körperlich zueinander hingezogen. Und nicht nur das: Makino hat sich bereits in seinen Kollegen verliebt. Aufgrund seiner schlechten Erfahrung in der Liebe beschränkt Tsubaki ihre Beziehung aber lediglich auf eine Freundschaft Plus. Ob das auf Dauer gut gehen wird?

www.tokyopop.de

MY DEAREST MERMAN
Hijiki

Über die einzigartige Liebe eines Meermanns

Umi trägt das Mal der Meermenschen im Gesicht und wird von seinen Mitmenschen verstoßen, weil angeblich ein Fluch auf ihm lasten soll. Doch dann begegnet er dem Medium Mikagi, der etwas ganz Besonderes in ihm sieht und sofort von seinem Wesen eingenommen ist. Diese Begeisterung lockt allerdings auch Mikagis zwielichtigen Konkurrenten Shoichi auf den Plan ...

www.tokyopop.de

DIE NATUR EINER REINEN SEELE

Syaku

Mein unsterblicher Lehrer

Yashio führt ein Einsiedlerleben wider Willen: Er wohnt allein in den Bergen, umgeben von dichten Wäldern. Als er in diesen erneut die Orientierung verloren hat, steht plötzlich ein Unbekannter vor ihm, der sich als unsterbliches Mononoke vorstellt. Toki, wie sich dieses Geisterwesen nennt, macht es sich zur Aufgabe, ihn in die Welt der Rituale und Zeremonien einzuführen. Denn laut Toki ist Yashio »unrein« und muss lernen, sich und seine Umwelt wertzuschätzen. Das ist der Start einer ungewöhnlichen Wohngemeinschaft ... Abgeschlossen in zwei Bänden.

www.tokyopop.de

EIN BUND FÜRS LEBEN
Syaku

Eine Geschichte über Familie, Liebe und gutes Essen

Im Restaurant Yoshimi verwöhnt Koch Makoto seine Gäste mit traditionellen Köstlichkeiten. Immer an seiner Seite ist der lebhafte Kota, der von Kindesbeinen an hier ein- und ausgeht. Als eines Tages ein unbekannter Mann das Lokal betritt, ist Kota überrascht, wie vertraut Makoto mit dem Fremden umgeht. Eifersucht beginnt an ihm zu nagen und er sorgt sich, dass die engen Bande zu Makoto sich womöglich auflösen und er ihn verlieren könnte ...

www.tokyopop.de

YUKI & MATSU
Hidebu Takahashi

**»Es war schön, jemanden zu haben,
der die Einsamkeit mit mir teilt.«**

In einer stürmischen Winternacht findet der Arzt Shoan einen vermeintlich leblosen jungen Mann mit aufgeschlitzter Kehle im Schnee begraben. Er nimmt ihn mit nach Hause, versorgt seine Wunde und gibt ihm den Namen Yuki. Von nun an teilt Shoan das Bett mit seinem geheimnisvollen Patienten, der lediglich ein blutiges Schwert bei sich trug. Da er aber ursprünglich Yukis Leiche zu Geld machen wollte, soll dieser ihm nun eine neue besorgen. Dabei wird Yuki schnell von seiner dunklen Vergangenheit eingeholt ...

www.tokyopop.de

BEAST AFTER SCHOOL
Eiko Ariki

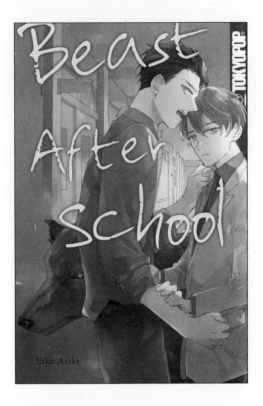

Gemeinsam gegen unsere Dämonen

Highschool-Schüler Sunagawa begegnet in einer Vollmondnacht einer Bestie und verliert vor Schreck das Bewusstsein. Doch mehr als das Wesen beunruhigt ihn der Tratsch am nächsten Tag: Immerhin wurde er, der Musterschüler, ohnmächtig unter einer Brücke gefunden, an der sich sonst junge Männer für Geld anbieten. Doch dann stellt sein neuer Mitbewohner Kuroda ziemlich schroff und unverblümt klar, dass er der Werwolf aus jener Nacht ist. Sunagawa ist misstrauisch, weiß er doch nur zu gut, dass man bestimmte Geheimnisse nicht einfach mit anderen teilen sollte ...

www.tokyopop.de

UNSER UNSTILLBARES VERLANGEN
Keri Kusabi

Heiße Spielchen im Omegaverse!

In einer Welt, die in Alphas, Betas und Omegas eingeteilt ist, hat Takaba Glück gehabt: Er ist ein Alpha und von Natur aus ein Anführer. Als er in ein neues Unternehmen wechselt, sieht er sich allerdings mit seinem größten Hassobjekt konfrontiert: einem Omega in einer Führungsposition! Mit ihren ausströmenden Pheromonen sind sie für Alphas und Betas unwiderstehlich. Takaba muss sich vor seinem neuen Chef in Acht nehmen, doch lang lassen die Verfänglichkeiten nicht auf sich warten ...

www.tokyopop.de

STOPP!

**Dies ist die letzte Seite des Buches!
Du willst dir doch nicht den Spaß verderben
und das Ende zuerst lesen, oder?**

Um die Geschichte unverfälscht und originalgetreu mitverfolgen zu können, musst du es wie die Japaner machen und von rechts nach links lesen. Deshalb schnell das Buch umdrehen und loslegen!

So geht's:

Wenn dies das erste Mal sein sollte, dass du einen Manga in den Händen hältst, kann dir die Grafik helfen, dich zurechtzufinden: Fang einfach oben rechts an zu lesen und arbeite dich nach unten links vor.
Viel Spaß dabei wünscht dir
TOKYOPOP®!